My Favourite Things

আমার যে সব জিনিষ সবচেয়ে পছন্দ

Acknowledgements

The author, photographer and publisher would like to thank Shelly and Neil, and their parents, Sandy and Tim Magon, for their help and hospitality. They would also like to thank Cousin Sonia and Auntie Usha for the parts they played.

Every child and every family is unique. The family depicted in this story is in no way intended to be representative of any racial or social group.

Copyright © 1987 Jennie Ingham
Illustrations © 1987 Prodeepta Das
Bengali translation by Sibani Raychaudhuri
Checked by Gayatri Chakrabarti
First published 1987 by Blackie and Son Ltd.

British Library Cataloguing in Publication data available

   ISBN 0-216-92159-7

Paperback edition
   ISBN 0-216-92274-7
   CIP data available

Blackie and Son Ltd
7 Leicester Place
London WC2H 7BP

Typesetting by Interlingua T.T.I.
Printed in Great Britain by Blantyre Printing and Binding Co. Ltd.,
Glasgow and London

My Favourite Things

Jennie Ingham
and Prodeepta Das

আমার যে সব জিনিষ সবচেয়ে পছন্দ

জেনী ইংঘাম্
এবং প্রদীপ্ত দাস

Blackie

My name is Shelly. This is me with my little brother, Neil. Our favourite breakfast is puris.

আমার নাম শেলী । এটা আমি আমার ছোট ভাই নীলের সংগে । আমরা নাস্তায় লুচি সবচেয়ে পছন্দ করি ।

Neil and I like to ride our bikes after breakfast. Neil's bike is smaller than mine.

নাস্তার পর নীল আর আমি সাইকেল চড়তে পছন্দ করি। নীলের সাইকেল আমার চেয়ে ছোট।

My favourite doll is called Louise. I bath her and dress her like a real baby.

যে পুতুলটা আমি সবচেয়ে পছন্দ করি তার নাম লুইস্‌ । আসল বাচ্চার মত আমি ওকে চান করাই, জামা পরাই ।

Neil tries to put her in the pram. I say, 'She won't fit. She's too big.'

নীল ওকে প্র্যামে রাখার চেষ্টা করে। আমি বলি, 'ও আঁটবে না। ও অনেক বড় !'

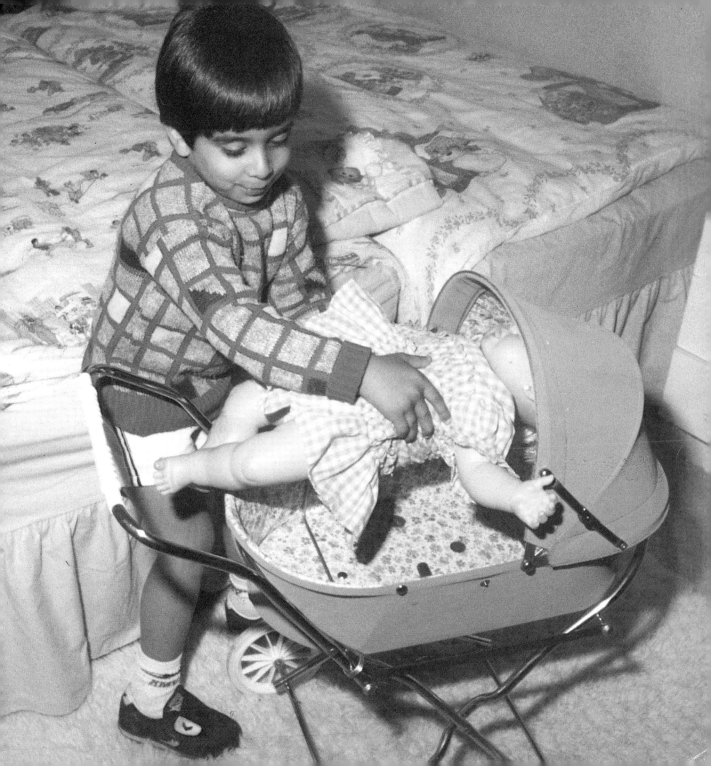

We have a swing in the garden. I love to go on it with my cousin, Sonia. We go really high. It makes us laugh.

বাগানে আমাদের একটা দোলনা আছে । আমি আমার চাচার মেয়ে সোনিয়ার সংগে এতে উঠতে ভালবাসি । আমরা অনেক উঁচুতে উঠি । এতে আমাদের হাসি পায় ।

I have fish and chips for lunch. It is my favourite. I like lots of tomato sauce.

দুপুরে আমি ফিস্ আর চীপস্ খাই। এটা আমার সবচেয়ে পছন্দ। আমি অনেকটা টম্যাটো সস্ পছন্দ করি।

I love to sit on Daddy's knee. He cuddles me and says, 'What have you been up to?'

আমি আব্বার কোলে বসতে ভালবাসি । উনি আমাকে আদর করে বলেন, 'কি করা হচ্ছিল?'

When Daddy has time he takes me swimming. I kick my legs in the water. Daddy holds my hands.

আব্বার যখন সময় হয় আমাকে সাঁতার কাটতে নিয়ে যান। আমি জলে পা ছুড়তে থাকি। আব্বা আমার হাত ধরে থাকেন।

In the evenings we all have dinner together. My favourite dinner is keema curry with rice and cucumber.

সন্ধ্যেবেলা আমরা সবাই একসংগে রাতের খাওয়া খাই । কিমার তরকারী, ভাত আর শশা আমার সবচেয়ে পছন্দ ।

At bedtime I always want a story. If we are lucky Auntie Usha reads to us in Hindi and English. I think she is as tired as I am!

ঘুমাবার সময় সবসময়ে আমার একটা গল্প চাই-ই । কপাল ভাল থাকলে আন্টি উষা আমাদের হিন্দি আর ইংরেজীতে পড়ে শোনান । আমি বুঝি উনি আমার মতই ক্লান্ত ।

Shelly and Neil's parents are East
African Asian. They are from Kenya.
Their grandparents went from India
to Kenya.

Glossary

Puri   (pronounced *poo-ree*) A flat disc of unleavened wholemeal bread, with a chewy
texture. The discs puff up like balloons when they are deep-fried.

Keema curry   A spicy Indian dish made with minced meat.

Hindi   The Indo-Aryan language of Northern India, greatly influenced by Sanskrit. Currently
spoken by over 220 million people (1985).

The **All About Me** Series

Me Playing
English Language only
English/Bengali
English/Gujarati
English/Punjabi
English/Urdu

My School
English Language only
English/Bengali
English/Gujarati
English/Punjabi
English/Urdu

My Favourite Things
English Language only
English/Bengali
English/Gujarati
English/Punjabi
English/Urdu

Me Shopping
English Language only
English/Bengali
English/Gujarati
English/Punjabi
English/Urdu